Professionelle Personalauswahl und
-entwicklung
Michael Lorenz
Dr. Saskia Lucht

Michael Lorenz
Dr. Saskia Lucht

Professionelle Personalauswahl und -entwicklung

3. Auflage

Copyright © 2015, 2021, 2026
©grow.up. Managementberatung GmbH
Quellengrund 4, 51647 Gummersbach
Michael Lorenz, Dr. Saskia Lucht, Autoren
lorenz@grow-up.de
Tel.: 02354/70890-0
www.grow-up.de
Redaktion: Ilona Haselbach, grow.up.
Managementberatung GmbH
Cover: Bilderstellung mit KI/ChatGPt

3. Auflage 2026

ISBN-13: 978-1516867226
Imprint: Independently published

Inhaltsverzeichnis

Vorwort

Wenn Du ein Schiff bauen willst, so trommle nicht Menschen zusammen, um Holz zu beschaffen, Werkzeuge vorzubereiten, Aufgaben zu vergeben und die Arbeit einzuteilen, sondern lehre die Menschen die Sehnsucht nach dem weiten endlosen Meer.

Antoine de Saint-Exupéry (1900-44)
frz. Flieger u. Schriftsteller

Die Themen Personalauswahl und -entwicklung spielen im modernen Personalmanagement eine zentrale Rolle. Insbesondere in Zeiten des demografischen Wandels wird es immer bedeutsamer, das richtige Personal anzusprechen, einzustellen und durch geeignete Entwicklungsmaßnahmen an das eigene Unternehmen zu binden. In diesem Booklet aus der grow.up.-Reihe *Personal TO. GO.* erfahren Sie die wesentlichsten Dinge, die man über das Thema Personalauswahl und -entwicklung wissen sollte.

Michael Lorenz   Dr. Saskia Lucht

Gummersbach, im Februar 2026

Professionelle Personalauswahl

Wen suche ich?

Um den richtigen Kandidaten für eine Position zu finden, sollten Sie sich so viel Zeit wie möglich nehmen und sich umfassende Gedanken machen. Denn wer nicht weiß, was er sucht oder wen er sucht, dem wird es auch nicht gelingen, den oder die Richtige(n) zu finden. Um herauszufinden, wen Sie suchen, können Sie sehr pragmatisch vorgehen. Stellen Sie sich zunächst die Frage, was derjenige wissen, können und wollen muss, um die Position erfolgreich auszufüllen. Hilfreich ist es hier sicherlich, sich die drei Faktoren der Leistungsfähigkeit zu Nutze zu machen:

- **1. Wissen** (z. B. Fach-, Methoden- und Spezialkenntnisse sowie Ausbildungskenntnisse)

- **2. Können** (z. B. Handlungskompetenzen, Erfahrungen bei der unternehmensspezifischen Anwendung von Methodenkenntnissen, Berufserfahrungen)

- **3. Wollen** (Die Motivation, sich intensiv und detailliert mit der gegebenen Aufgabe auseinander zu setzen.)

Nehmen Sie sich genügend Zeit, um möglichst genau zu hinterfragen, welche Kompetenzen und Verhaltensbereitschaften für die zu besetzende Position erforderlich sind. Nur wenn Sie ein klares Anforderungsprofil erstellt haben, können Sie die Passung zwischen Bewerber und Position beurteilen.

Wie erstelle ich ein Anforderungsprofil?

Nachdem Sie sich nun mit den grundlegenden Faktoren der Leistungsfähigkeit Ihrer Mitarbeiter beschäftigt haben (Wissen, Können, Wollen), sollten Sie nun versuchen, anhand von einer Anforderungsanalyse die Anforderungen an die Position genau festzustellen. Gehen Sie dabei in drei Schritten vor:

To-Do Anforderungsanalyse

Schritt 1:

Stellen Sie sich folgende Fragen, um die Ziele, die durch diese Position erreicht werden sollen, zu identifizieren: **„Welche Ziele wollen wir mit der oder durch die Besetzung der Position erfüllen?"** oder **„Warum nehmen wir (so viel) Geld in die Hand, um diese Position zu besetzen?"**

Ihre Antworten auf diese Fragen sollten möglichst immer beginnen mit:

„Es soll erreicht werden, dass ..."

„Es soll sichergestellt werden, dass ..."

Pro Position sollten Sie circa drei bis fünf Positionsziele herausarbeiten.

Im zweiten Schritt sollten Sie nun vier bis sechs Kernaufgaben herausarbeiten, die für die ermittelten Positionsziele relevant sind. Hierbei sollten Sie sich darauf konzentrieren, welche Aufgaben notwendig sind, um die Tätigkeit zu erfüllen. Welche Aufgaben sollte ein Mitarbeiter gut beherrschen, um das jeweilige Ziel der Position zu erreichen?

Beschreiben Sie am besten in Tätigkeitsbegriffen, was getan werden muss. Vermeiden Sie Eigenschaftsaussagen und stellen Sie Fragen wie zum Beispiel: Was muss jemand tun, um die Positionsziele aus Schritt 1 gut zu erreichen?

Im Normalfall sollten Sie pro Positionsziel etwa vier bis sechs Tätigkeiten oder Aufgaben herausarbeiten können. Hierbei ist es wichtig, darauf zu achten, dass die Beschreibung anhand von Fähigkeiten, Fertigkeiten, Einstellungen oder Überzeugungen vorgenommen wird. Es geht hier nur um die Betrachtung dessen, was in der Tätigkeit gefordert ist, ohne die handelnde oder ausführende Person zu betrachten. Als Hilfestellung sollten Sie wie folgt vorgehen: Gehen Sie in Gedanken einmal besonders gute und danach weniger gute Positionsinhaber durch und versuchen Sie, folgende Frage zu beantworten: In welchen Situationen erkenne ich, ob es sich um sehr gute oder weniger gute Positionsinhaber handelt? Mit Hilfe dieser *Critical-Incidence-Technik* ist es möglich zu identifizieren, welche Situationen für die Tätigkeit denn wirklich erfolgsentscheidend sind. Im Normalfall reduzieren sich die erkennbaren Unterschiede zwischen den Leistungsträgern und den leistungsschwächeren Mitarbeitern auf wenige Situationen.

▨ Schritt 3:

Im dritten Schritt legen Sie nun den Fokus darauf, was ein potenzieller Mitarbeiter wollen und können muss, um die definierten Aufgaben aus Schritt 2 gut und sicher zu erfüllen und die Positionsziele sicher zu erreichen. Erst in diesem Schritt werden also die Anforderungen ausgearbeitet.

Seien Sie sehr genau und unterscheiden Sie penibel zwischen Können und Wollen – auch wenn die genaue Trennung nicht immer ganz einfach ist und sich Überschneidungen kaum vermeiden lassen. Ein sorgfältiges Arbeiten an den Unterscheidungen an dieser Stelle erleichtert Ihnen die Vorbereitung und das Führen der Interviews. Für die Können- und Wollen-Anforderungen werden unterschiedliche Fragen nötig sein.

Das folgende, ansatzweise ausgefüllte Beispiel für die Position Leiter Controlling soll Ihnen bei der vorgestellten Vorgehensweise behilflich sein.

Die Anforderungsanalyse

Das schnelle 3-Schritt-System

Positionsziel	Aufgaben	Anforderungen Können und Wollen
Konzeptionierung eines einheitlichen Reportingsystems für die Tochtergesellschaften	1. Abstimmung von Reportingumfang und -frequenz mit den Tochtergesellschaften	· Sehr gute Englischkenntnisse · Erfahrung mit dem Reporting-Systemen · ...
	2. Auswahlen, Prüfen und Bewerten geeigneter Reportingsysteme	
	3. ...	
	4.	

Management beratung GmbH

Vielleicht scheint Ihnen das Modell der Anforderungsanalyse auf den ersten Blick etwas aufwendig. Die Zeit zur gründlichen Durchführung beträgt jedoch auch bei anspruchsvollen Positionen höchstens ca. ein bis eineinhalb Stunden. Die Zeit, die Sie für die Personalauswahl und -platzierung investieren, sparen Sie später mehrfach ein, weil Sie die aufwendige Nacharbeit in Steuerung und Führung mit besser passenden Besetzungen häufig deutlich reduzieren.

Die Vorteile für Sie sind:

1. Sie wissen genau, wen Sie suchen und können den internen Dienstleistern (HR- bzw. Personalbereich) klar sagen, was Sie von zu rekrutierenden Kandidaten erwarten.

2. Sie können durchaus Kompromisse eingehen, weil Kandidaten, die das Anforderungsprofil zu 100 Prozent erfüllen, recht selten sind. Aber Sie können (und sollten) nun genau erfassen, an welchen Punkten Sie Kompromisse eingehen. Kompromissbereit können Sie bei Variablen des „Könnens" sein („Können" kann man lernen), wenn Sie direkt von Anfang an durch Qualifikationsmaßnahmen dafür sorgen, dass eventuelle Defizite abgemildert werden. Kompromisslos dagegen sollten Sie bei Variablen des „Wollens" sein – hier handelt es sich um schwer veränderbare Persönlichkeitsvariablen: Aus einem anschlussorientierten Teamarbeiter machen Sie keinen wettbewerbsorientierten Vertriebsmitarbeiter.

3. Sie können die einmal gemachte Arbeit sowohl für interne Einarbeitungs-, als auch für Karriereentwicklungspläne nutzen, aber auch potenziell interessierten internen Kandidaten strukturiert und substanziell verdeut-

lichen, warum sie (oder auch noch nicht) für die definierte Position infrage kommen.

Ihre Bemühungen sind die Vorarbeit für einen strukturierten Interviewleitfaden. Denn eine der problematischsten Fehlerquellen des Verfahrens „Interview" ist die Tatsache, dass Interviews – obwohl es sich um ein und dieselbe Position handelt – häufig je nach eigener Kondition, Tageszeit oder Sympathie sehr unterschiedlich geführt werden. Daher lässt sich dann auch kein klares Bild über die Kandidaten gewinnen. Wenn Sie aber anhand des Anforderungsprofils vorgehen und die einzelnen Schritte bei dem Kandidaten abfragen, dann haben Sie eine Struktur, anhand derer Sie vergleichbare Interviews durchführen können.

Exkurs: Die Richtigen finden

„Niemand ist ein Menschenkenner". Diese Aussage von Alfred Sloan (lange Jahre CEO von General Motors) sollte aus unserer Sicht jede Führungskraft beherzigen. Denn wir alle haben mehr oder weniger das Gefühl, wir hätten *ein gutes Händchen* bei der Auswahl von Mitarbeitern. Leider ist das nur ein Gefühl. Die nicht unbeachtliche Anzahl von problematischen Besetzungen zeigt, dass hier zwar auch jemand „ein gutes Gefühl" hatte (denn sonst wäre der Mitarbeiter nicht im Unternehmen bzw. auf seiner jetzigen Position), leider entsprach die Realität jedoch nicht dem Gefühl und den Hoffnungen.

„Ich bin nur jemand, der bei der Auswahl und Besetzung von Positionen richtig, d. h. langsam und sorgfältig vorgeht. Für vier Stunden, die ich mir am Anfang Zeit nehme, bekomme ich hinterher 400 Stunden geschenkt, weil ich mich um denjenigen nicht aufwendig kümmern muss", so Alfred Sloan weiter, befragt nach den Gründen seines Erfolges.

Das Zitat verdeutlicht, dass *gute und richtige* Besetzungs-entscheidungen nicht *mal eben so* erfolgen können – sie brauchen Zeit. Für Ihre langfristigen Erfolge mit Ihren Mitarbeitern sollten Sie diese Zeit als wichtigstes Pre-Investment betrachten.

Wie finde ich heraus, ob der Bewerber den Positionsanforderungen entspricht?

Wie bereits erwähnt, haben Sie mit dem von Ihnen gefertigten Anforderungsprofil schon fast einen Interviewleitfaden erstellt. Der Großteil der Fragen und die von Ihnen anzusprechenden Themenfelder ergeben sich aus dem Anforderungsprofil. Nehmen wir das Beispiel *Leiter Controlling* (siehe Abbildung Seite 10). Welche Fragen sich hieraus ableiten lassen, sollen im Folgenden anhand von drei Anforderungen aufgezeigt werden.

Beispiel: Anforderungen an den Bewerber und Ihre Fragen

▪ **Anforderung: Sehr gute Englischkenntnisse (Können)**

- Führen Sie das ganze oder einen Teil des Gespräches in Englisch - nur so können Sie erfahren, wie fundiert die Kenntnisse des Bewerbers wirklich sind.

▪ **Erfahrung mit Reporting-Systemen (Können)**

- Welche Reporting-Systeme haben Sie kennengelernt?

- Mit welchen haben Sie gearbeitet (wie intensiv, wie lange, etc.)?

- Wie bewerten Sie die unterschiedlichen Systeme?

- Welche Anforderungen müssten nach Ihren Erfahrungen und jetzigem Kenntnisstand ein System für unser Unternehmen erfüllen?

- Was sind Ihre wesentlichen Erfahrungen mit solchen Reporting-Systemen (Worauf basieren diese? Wie sind Sie dazu gekommen? Was hat zu der Einschätzung geführt? etc.)?

Analytisch, konzeptionelles Denken (Können und Wollen/Leistungsmotivation)

- Wie gehen Sie bei komplexen konzeptionellen Aufgabenstellungen vor?

- Wie sind Sie bei der Einführung des Systems in dem letzten Unternehmen vorgegangen?

- Wie waren die Situation und die Rahmenbedingungen?

- Wieviel Unterstützung hatten Sie?

- Welche Resssourcen standen Ihnen zur Verfügung?

- Wie sind Sie vorgegangen?

- Wie haben Sie die Ressourcen eingesetzt?

- Was war Ihnen in der kritischen Phase der Einführung besonders wichtig?

- Was waren die Ergebnisse?

- Wie zufrieden waren Sie damit (Wann und warum waren Sie mit Ihren Ergebnissen zufrieden?)?

- Woran messen Sie Ihre Arbeitsergebnisse?

- Wann ist eine Aufgabe eine besondere Herausforderung für Sie?

- Was würden Sie heute anders machen?

- Was haben Sie daraus gelernt?

- Sie können den Bewerbern auch eine Fallstudie zur Bearbeitung geben, für deren Lösung sie ihre analytischen und konzeptionellen Fähigkeiten einsetzen müssen.

▨ **Überzeugungskraft und Akzeptanz im Auftreten gegenüber den Geschäftsführern und Controlling-Verantwortlichen der Auslandsgesellschaften (Können und Wollen)**

- Was ist Ihnen für die Jahresplanungs-Gespräche besonders wichtig?

- Wie bereiten Sie sich vor?

- Wo sehen Sie Ihre Stärken?

- Was sind Ihre Minimal- und Maximalziele für vergleichbare Gespräche?

- Wie erreichen Sie es, Ihre Gesprächspartner zu überzeugen?

- Was tun Sie, wenn die Gesprächspartner ihre kritische Haltung beibehalten?

- Wie oft führen Sie vergleichbare Gespräche?

- Was reizt Sie an dieser oft schwierigen Aufgabe?

- Wie positionieren Sie sich in diesen Gesprächen? Wie sollen Ihre Gesprächspartner Sie wahrnehmen?

- Wann geben Sie auf?

- Worum ging es in Ihrem letzten Gespräch? Wie ist es verlaufen? Wie ist es zu diesem Verlauf gekommen? Was genau haben sie getan? Was haben Sie damit bewirkt?

Führen Sie das Gespräch als situatives Rollenspiel mit dem Bewerber.

> **Tipp für Ihre Auswahlgespräche: Gehen Sie hypothesengeleitet vor.**

Hypothesen aufstellen heißt, sich im Vorfeld durch die schriftlichen Bewerbungsunterlagen eine Meinung dazu zu bilden, wie gut oder schlecht ein Kandidat passt. Sie könnten dabei eine Positiv-Hypothese haben („Der Bewerber wird sicher gut passen."), eine Neutral-Hypothese oder eine Negativ-Hypothese („Der Bewerber wird es wohl eher nicht sein.").

Unsere Empfehlung ist, dem Kandidaten weder – z. B. weil Sie die Stelle dringend besetzen müssen – Bonuspunkte zu schenken, (Positiv-Hypothese: „Der wird schon noch.") noch ihm voreingenommen negativ gegenüber zu stehen. Versuchen Sie neutral in das Gespräch zu gehen und überprüfen Sie Ihre Hypothesen, die Sie z. B. aus den Bewerbungsunterlagen abgeleitet haben. Lassen Sie sich vom Bewerber beweisen, dass er der Richtige ist. Eine Neutral-Hypothese unterstützt Sie bei der kritischen Überprüfung im Hinblick auf die Passung des Kandidaten: „Bevor Du mir nicht gezeigt hast, was Du weißt/kannst/willst, bist Du es noch nicht!".

Wie erfahre ich etwas über die Motivation eines Bewerbers?

Wenn Sie herausfinden möchten, was ein Bewerber **will** – sprich, wie er motiviert ist – und ob seine Motivation zu der zu besetzenden Position passt, können Sie sich nach einem einfachen und praktikablen Schema richten. Es beschreibt die zentralen, für den Berufsalltag besonders relevanten Motivationen:

- die Anschlussmotivation,

- die Leistungsmotivation und

- die Machtmotivation.

Um herauszufinden, wie Ihr Bewerber motiviert ist, müssen Sie ihm ganz einfach die Frage stellen, warum er tut, wovon er gerade geschildert hat. Wir möchten dies kurz an dem folgenden Beispiel erläutern.

Beispiel

Sie fragen den Bewerber: „Sie sagten, dass Sie viermal pro Woche Tennis spielen gehen. Es scheint Ihnen wirklich wichtig zu sein. Was ist für Sie so wichtig daran und motiviert Sie so, dass Sie die notwendige Zeit gerne investieren?"

Antwort des anschlussmotivierten Bewerbers:
„Wir treffen uns immer mit einer Gruppe von acht Leuten und es macht mir viel Spaß, ab und zu mal ein Doppel zu spielen. Danach gehen wir immer noch zusammen etwas trinken und besprechen die Dinge, die in naher Zukunft so anliegen wie zurzeit z. B. die Organisation des Sommerfests."

Antwort des leistungsmotivierten Bewerbers:
„Es macht mir Spaß, mich mit anderen zu messen und zu merken, dass ich besser werde. Außerdem ist es mein Ziel, das nächste Turnier zu gewinnen."

Antwort des machtmotivierten Bewerbers:
„Da ich Vorstandsmitglied des Vereins bin, ist es selbstverständlich meine Pflicht, als Ansprechpartner zur Verfügung zu stehen. Es müssen schließlich ständig Entscheidungen getroffen werden. Außerdem macht es mir Spaß, den Verein nach außen zu repräsentieren und neue Mitglieder zu gewinnen."

Es macht wenig Sinn, den Bewerber in Bezug auf zukünftige Positionen und Sachen zu hinterfragen, die derjenige nicht kennt. Auch die Erwartung von Interviewern, der Kandidat müsse sich hineindenken können, führt häufig nicht zum Erfolg. Fragen Sie nach den Themen die eine **Bedeutung** für den Bewerber haben, die aus eigenem Erleben bekannt sind und zu denen er eine eigene Meinung hat und somit über seine Werte und Motivation sprechen kann.

Wie hinterfrage ich oberflächliche Bewerberantworten?

Sie möchten nach einem Interview die Kompetenzen und das Wollen eines Bewerbers einschätzen können. Aus Antworten wie z. B.: „Ja, das kenne ich. In meiner heutigen Position hatten wir das auch mal, aber wir haben es dann gut gelöst." gewinnen Sie keine relevanten Informationen. Sie müssen in Erfahrung bringen, **was er getan** hat und **warum.** Hier bietet Ihnen das Fragen nach dem Verhaltensdreieck eine wesentliche Strukturierungshilfe für gezieltes Fragen im Interview.

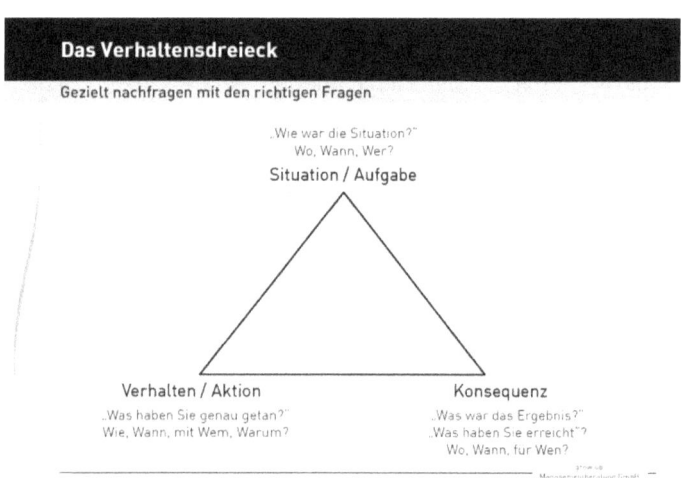

Fragen Sie nach dem Verhaltensdreieck: Wie gehen Sie vor?

Greifen Sie die Antwort des Bewerbers auf und fragen Sie nach:

1. Lassen Sie sich die Situation bzw. die Aufgabe genau schildern!

„Wie war die Situation?"

„Wo ist das passiert?"

„Wann ist das passiert?"

„Wer war daran beteiligt?"

Wenn Sie alle gewünschten Informationen haben und sich die Situation gut vorstellen können, gehen Sie zur nächsten Vertiefungsstufe über:

2. Lassen Sie sich das Verhalten bzw. die Aktion schildern!

„Was genau haben Sie getan?"

„Wie haben Sie es getan?"

„Wann haben Sie es getan?"

„Mit wem haben Sie es getan?"

„Warum haben Sie es getan?"

3. Lassen Sie sich die Konsequenz und Bedeutung schildern!

„Was war das Ergebnis?"

„Was haben Sie erreicht?"

„Wann haben Sie es erreicht?"

„Für wen haben Sie es erreicht?"

„Was war für Sie an dem Ergebnis wichtig?"

„Was haben Sie daraus gelernt?"

„Was würden Sie das nächste Mal tun?"

Gehen Sie einen Schritt weiter. Sie wollen den Bewerber dazu bringen, dass er über das genaue *Warum* seines Handelns und die Bedeutung seiner erzielten Ergebnisse erzählt. Stellen Sie offene Fragen. Vertiefen Sie die mit dem Verhaltensdreieck gewonnenen *episodischen* Informationen (Informationen, über die der Bewerber *Geschichten* erzählt) über *selbstreflektorische* Fragen (Fragen, über die wir etwas erfahren, wie der Bewerber Situationen erlebt und verarbeitet hat und erfahren Sie mehr über das „Wollen" des Bewerbers – seine Werte, Meinung, Motive und Beweggründe.

In der nachfolgenden Checkliste geben wir Ihnen Beispiele für sieben Arten selbstreflektorischer Fragen:

Checkliste: Selbstreflektorische Fragen

Beschreibung der/des ...	Mögliche Fragen
Individualität	„Wie gehen Sie da vor?", „Was ist Ihr Stil?"
Persönlicher Stil	„Woran reiben Sie sich mit anderen?" „Was würden Ihre Freunde als für Sie kennzeichnend beschreiben?"
Quintessenz	„Was haben Sie daraus gelernt?"
Prioritäten	„Was werden Sie in Zukunft ändern?" „Was ist Ihnen besonders wichtig im Hinblick auf ...?" „Was sind wesentliche Entscheidungskriterien für Sie bei ...?"
Wahrgenommenes Fremdbild	„Was denken Ihre Kollegen über Sie?" „Was ist Ihnen in der Zusammen-

	arbeit mit anderen wichtig?"
Motivation	„Was motiviert Sie zu …?" „Was veranlasst Sie, diese Mehrbelastung auf sich zu nehmen?"
Persönliche Einstellung/Werte	„Was denken Sie über …?" „Welche Entscheidung würden Sie bei … treffen?" „Was schätzen Sie an … besonders?"

Wie erfahre ich, ob ein Bewerber das, was er behauptet, auch wirklich kann?

Das ist eine grundlegende Problematik von Interviews. Hier bietet sich besonders das Einbauen von situativen Übungen, also Rollenspielen, Präsentationen, Postkorb-Übungen oder Fallstudien an. Die Regel lautet: **Nicht nur reden, sondern zeigen lassen.** Mit diesem Vorgehen können Sie erleben, wie sich der Kandidat in einer zuvor verbal beschriebenen Situation wirklich verhält, und Sie gewinnen so deutlich mehr Informationen zu den Kompetenzen des Kandidaten, als wenn Sie sich diese nur erzählen lassen.

Hier ein Beispiel:

Sie sprechen mit einem Bewerber für eine Gruppenleiterposition über Mitarbeitergespräche. Sie sprechen darüber, wie er die Gespräche führt und was ihm dabei wichtig ist. Um nun zu sehen, ob der Bewerber entsprechend seiner verbalen Aussagen handelt, greifen Sie diese Situation auf:

„Sie haben gerade ausgeführt wie Sie .... Ich möchte diese Situation gerne mit Ihnen durchspielen. Ich übernehme die Position Ihres Mitarbeiters und Sie führen in Ihrer Rolle als Führungskraft das Gespräch zu ... mit mir. Wir befinden uns in folgender Situation ... Sind Sie damit einverstanden?"

Wie erreiche ich eine Vergleichbarkeit meiner Interviews bei mehreren Bewerbern?

Nutzen Sie Ihre gefertigte Anforderungsanalyse und die Anregungen aus den Beispielfragen, die oben aufgelistet sind, um sich für Ihre Auswahlgespräche einen positions-spezifischen Interviewleitfaden zu erstellen.

Verwenden Sie den Leitfaden für jeden Bewerber auf diese Position. Auf diese Art und Weise erreichen Sie einen relativ hohen Grad an Standardisierung und Ver-gleichbarkeit Ihrer Auswahlgespräche. Durch die Struktur-ierung gewährleisten Sie, von allen Bewerbern die gleich-en Informationen zu erfragen, selbst dann, wenn unter-schiedliche Interviewer die Gespräche führen. Sie relati-vieren darüber hinaus Einflussfaktoren wie die eigene Verfassung, Sympathie oder Tageszeit.

Wie erziele ich eine möglichst hohe Trefferquote?

Sie können davon ausgehen, dass ein einzelnes Gespräch stark fehlerbehaftet ist. Die vielfältigsten Dinge tragen dazu bei, das Ergebnis zu verzerren. Stellen Sie sich etwas so einfaches wie Blutdruck messen vor. Selbst dabei können Sie nach einer Messung nicht davon ausgehen, dass der erhobene Wert der richtige ist. Erst wenn Sie die Messung mehrmals wiederholen, können Sie über die Mittelung der einzelnen Ergebnisse davon ausgehen, dass Sie der *Wahrheit* ein Stück nähergekommen sind. Nicht anders ist es bei Ihren Auswahlgesprächen. Jedes einzelne Gespräch hat viele *Mess*-Fehler. Eine Möglichkeit, Ihre *Trefferquote* zu erhöhen, liegt in der *Wiederholung*. Lassen Sie die Kandidaten mehrere Interviews mit unterschiedlichen Interviewern absolvieren. Die einzelnen Interviewer dürfen sich nicht untereinander absprechen, sondern jeweils nur ihre eigene Einstellungs- oder Ablehnungsentscheidung mitteilen. Auf diese Art erreichen Sie eine deutliche Erhöhung der Treffsicherheit von Auswahlentscheidungen.

Personalentwicklung als Führungsaufgabe

Wer ist für Personalentwicklung verantwortlich?

Personalentwicklung ist Führungskräfte-Aufgabe

Wenn Sie mit Ihren Mitarbeitern vorgegebene oder vereinbarte Ziele erreichen wollen, müssen Sie dafür Sorge tragen, dass Ihre Mitarbeiter auch über die hierfür erforderlichen Qualifikationen und Kompetenzen verfügen. Das Vorhandensein einer Personalentwicklungsabteilung ist hierfür weder ausreichend, noch trägt dieser Bereich die Verantwortung für die Entwicklung Ihrer Mitarbeiter. Die Personalabteilung kann höchstens Sparringspartner sein und Inhalte, Vorgehensweisen und Methoden zur Verfügung stellen. Doch nur Sie als Führungskraft können wissen, welche Qualifikation Ihre Mitarbeiter brauchen, um die gestellten Aufgaben erfolgreich zu erfüllen und die vereinbarten Ziele zu erreichen.

Sie und die Mitarbeiter tragen gemeinsam die Verantwortung für die Personalentwicklung. Sie als Führungskraft stellen Mittel und Möglichkeiten zur Verfügung und unterstützen. Der Mitarbeiter muss über die notwendige Lernmotivation verfügen und sich für das Erreichen der Personalentwicklungsziele aktiv einsetzen. Personalentwicklung ist kein Selbstbedienungsladen, keine Volkshochschule und auch keine Spaß-Veranstaltung, sondern eine Investition in die Zukunft des Erfolgs des Unternehmens.

Wozu dient das Personalentwicklungsgespräch?

Bei Fragen der Personalentwicklung wird deutlich, wie eng Instrumente der Mitarbeitersteuerung und der Mitarbeiterförderung ineinandergreifen: Mitarbeiter- und Zielvereinbarungsgespräche, Feedback- und Beurteilungsgespräche dienen immer der Mitarbeitersteuerung und der Mitarbeiterförderung. Bei Personalentwicklungsgesprächen steht die Qualifizierung und Weiterentwicklung im Vordergrund. Aber auch hier geben Sie Feedback – und zwar dazu, wie Sie die Leistungen des Mitarbeiters sehen und welche weiteren Qualifizierungs- und Entwicklungsmaßnahmen Sie für ihn vorsehen. Des Weiteren vereinbaren Sie Ziele, nämlich Personalentwicklungs- und Qualifizierungsziele. Für gezielte und systematische Personalentwicklung in Ihrem Verantwortungsbereich sollten Sie mit den Mitarbeitern entsprechende Vereinbarungen im Personalentwicklungsgespräch treffen.

Wie kann ich den Entwicklungsbedarf bestimmen?

Zur Erfassung des Entwicklungsbedarfs Ihrer Mitarbeiter können Sie folgende Instrumente nutzen:

- Mitarbeiterbefragungen

- Zielvereinbarungssysteme
- Mitarbeiterbeurteilungssysteme
- Führungskräfte-Feedback
- 360°-Feedback
- Kundenbefragungen
- Personalentwicklungsgespräche
- Potenzialanalysen
- Potenzialportfolio
- Motivationsbefragungen/Analysen
- Zufriedenheitsanalysen
- Personalreview/Audit
- Abteilungsbezogene Leistungsanalyse

Welche Methoden der Personalentwicklung kann ich nutzen?

Es gibt ein sehr breites Spektrum an Personalentwicklungsmethoden. Die Methoden leiten Sie am besten, wie bereits erwähnt, aus den eben dargestellten Instrumenten ab. Welche Methoden gibt es überhaupt und welche davon ist die richtige Methode für Ihren Mitarbeiter? Auf diese beiden Punkte möchten wir im Folgenden eingehen.

Systematik betrieblicher PE-Maßnahmen

Along-the-Job
- Laufbahnplanung
- Karriereplanung

Into-the-Job
- Berufsausbildung
- Trainee Programm
- Einarbeitung

On-the-Job
- Training
- Qualifikationsfördernde Aufgabengestaltung

Out-of-the-Job
- Ruhestandsvorbereitung
- Gleitender Ruhestand

Near-the-Job
- Lernstatt
- Quality Circles

Off-the-Job
- Externe Bildungsveranstaltungen
- Inhouse-Schulung

Into-the-job

Entsprechend dem Namen geht es bei dieser Methode um die Begleitung eines neuen Mitarbeiters in sein neues Berufsfeld. Eine systematische Einarbeitung Ihrer neuen Mitarbeiter sollte als sinnvolle und effektive Personalentwicklungsmaßnahme stets erfolgen. Versuchen Sie *Into-the-job*-Instrumente in der Praxis auf keinen Fall zu vernachlässigen.

Along-the-job

Mit Hilfe von Personalentwicklung *Along-the-job* sollen Mitarbeiter bewusst im Sinne einer Gestaltung ihrer beruflichen Laufbahn gefördert werden. Das Aufzeigen von Perspektiven ist wichtig, um Ihre Mitarbeiter und deren Potenziale an Ihr Unternehmen zu binden. Mögliche Laufbahnmuster sollten also immer wieder ein Thema in Personalentwicklungsgesprächen mit Ihren Mitarbeitern sein. So können Sie garantieren, dass der Mitarbeiter entlang seines Jobs immer wieder gefördert und weiterentwickelt wird.

Der Abbau von Hierarchien in Unternehmen und die damit zusammenhängende Abnahme von typischen aufstiegsorientierten (also vertikalen) Laufbahnplanungen werden ersetzt durch horizontale Maßnahmen wie Fach- und Projektlaufbahnen.

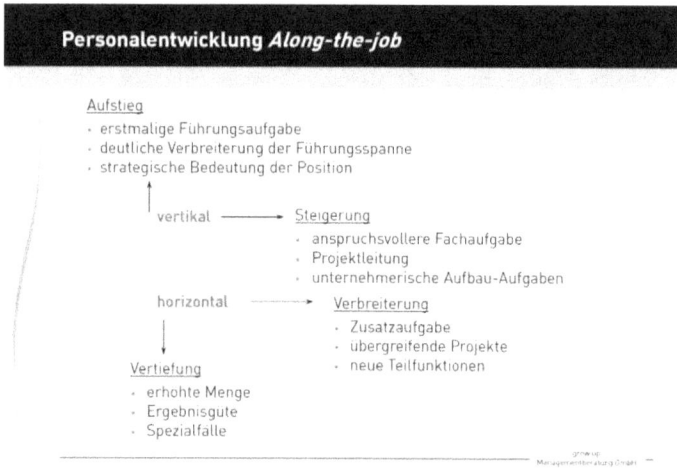

Parallel zu einer Führungslaufbahn gibt es auch bei Fachlaufbahnen Rangstufen mit entsprechenden Bezeichnungen und Anreizen auf unterschiedlichen Leistungs- und Erfahrungsebenen. Kennzeichnend für eine Fachlaufbahn ist ein hoher Anteil an reinen Fachaufgaben und wenig bis sehr geringe Führungs- und allgemeine Managementaufgaben. Diese Fachlaufbahnmuster sind vorteilhaft, da Spezialisten nicht zwingend in Führungspositionen befördert werden müssen.

Eine weitere Laufbahn neben der Führungs- und Fachlaufbahn ist die Projektlaufbahn. Diese ist nicht gleichzusetzen mit den normalen Projektaufgaben und bieten eine Alternative zu den restlichen Laufbahnen. Sie eignen sich beispielsweise dann, wenn ein Mitarbeiter seine unternehmerischen Fertigkeiten ausbauen möchte und weniger Spaß an Führungsaufgaben hat. Im Falle der Projektlaufbahn übernimmt ein Mitarbeiter die Leitung bereichsübergreifender Projektteams.

On-the-job

Als eine der effektivsten und effizientesten Formen der Qualifikation von Mitarbeitern gilt das Lernen am Arbeitsplatz, sprich die *On-the-job*-Personalentwicklung. Hierbei wird zwischen drei Formen unterschieden:

1. Bei der *Job Rotation* werden zeitlich begrenzt Aufgaben der gleichen Hierarchiestufe, aber einer anderen Stelle übernommen. Dies führt zur Stärkung der Fähigkeiten für eigene und weitere Aufgabengebiete und ermöglicht, das Einsatzspektrum des Mitarbeiters zu erweitern. Des Weiteren wird die Gefahr von *Betriebsblindheit* verkleinert. So könnte beispielsweise ein Mitarbeiter der Personalentwicklung einen Einblick in die Arbeit eines Mitarbeiters aus der Personalauswahl bekommen, um sich hier ebenso Kenntnisse zu verschaffen. Der Vorteil hierbei besteht darin, dass der Personalentwickler dem Mitarbeiter aus der Personalauswahl Defizite bei der Personalauswahl aufzeigen kann, die erst in der Personalentwicklung ans Licht kommen.
2. Im Rahmen des *Job Enlargement* werden die aktuellen Aufgaben des Mitarbeiters ergänzt durch das Hinzufügen von qualitativ gleichwertigen Aufgaben. Hier erhält der Mitarbeiter nicht nur einen Einblick in andere

Bereiche, wie bei der *Job Rotation*, sondern übernimmt eigenständig ein zusätzliches, qualitativ gleichwertiges Aufgabenfeld.

3. Wird der Aufgabenbereich des Mitarbeiters durch qualitativ anspruchsvollere Aufgaben oder Aufgaben mit höherer Verantwortung erweitert, spricht man von *Job Enrichment*. Hierbei könnte man den Mitarbeiter beispielsweise als Assistent, Nachfolger oder Stellvertreter einsetzen. Meist steigert die neue Herausforderung auch die Motivation des Mitarbeiters.

Near-the-job

Mitarbeiter können auch gefördert werden, indem sie durch einen zeitweisen Einsatz in Projektgruppen, parallel zur Arbeit, in der derzeitig besetzten Position tätig werden. Aufgrund der Projekttätigkeit, die nicht unmittelbar mit der eigentlichen Arbeitsaufgabe der Mitarbeiter in Zusammenhang steht, wird diese Personalentwicklungsmaßnahme für Mitarbeiter als *Near-the-job* bezeichnet. Möglich sind folgende Maßnahmen neben einem befristeten Mitarbeitereinsatz in Projektgruppen:

- Längerfristige Projektbegleitung

- Übernahme von zeitlich befristeten Sonderaufgaben

- Leitung von Kleingruppen innerhalb einer Abteilung oder Gruppe

- Tätigkeit als Ausbilder

- Übernahme von Moderatorenaufgaben

Off-the-job

Außerhalb der Arbeit, in der momentan besetzten Position, durchgeführte Maßnahmen werden als *Off-the-job*-Personalentwicklungsmethoden bezeichnet. Dazu gehören externe Seminare, wie auch interne Weiterbildungen. Als Führungskraft sollten Sie es unter anderem als Ihre Aufgabe ansehen, Ihren Mitarbeitern je nach Bedarf und betrieblicher Notwendigkeit eine Teilnahme an derartigen Maßnahmen zu ermöglichen. Die unterschiedlichen Arten der Personalentwicklung finden Sie in der unteren Abbildung aufgelistet.

Methoden der Personalentwicklung

Personalentwicklung *On-the-job* und *Near the job*	Personalentwicklung *Off-the-job*
· Karriereplanung, Nachfolgeplanung	· Fachliche Weiterbildung
· Projektarbeit, Sonderaufgaben	· Verhaltens- und management-bezogene Seminare (inhouse/externe Anbieter)
· Job-Rotation/Hospitationen	
· Job-Enlargement	
· Job-Enrichment	· Coaching und Einzeltraining
· Auslandsentsendung	· Teamtraining/Teambuilding
· Planspiele	· Selbstlernprogramme (Literatur, computer-based-Training, andere Medien)
· Multiplikatorenprogramme	
· Lernpartnerschaften	
· Qualitätszirkel und Lernstatt	· Mentorenprogramme, Patenschaften
· Nutzen von unternehmensinternen Wissensdatenbanken	· Interkulturelle Trainings
· Zielvereinbarung	

grow up
Managementberatung GmbH

Die Wahl der richtigen Methode

1. Achten Sie darauf, dass Sie immer die wirkungsvollste Maßnahme wählen und nicht die, die Ihnen am einfachsten erscheint.

2. Lern- und Personalentwicklungsvereinbarungen ohne Kontrolle sind ineffektiv und wirkungslos.

3. Vermeiden Sie die Vermischung von Incentives und Personalentwicklung. Personalentwicklung ist aus Unternehmenssicht Arbeit und dient der besseren Bewältigung der betrieblichen Anforderungen. Behalten Sie eine strikte Trennung von Schulungsmaßnahmen und Motivationsveranstaltungen bei. Lernen kann und sollte Spaß machen, das ist aber nicht das Hauptziel betrieblicher Bildung.

4. Lassen Sie auch andere von dem neu erworbenen Wissen eines Kollegen profitieren. Wissensmanagement und Qualifizierung in Ihrem Bereich kann auch bedeuten, dass Mitarbeiter, die z. B. an externen Wieterbildungsmaßnahmen teilnehmen, danach ihre Kollegen über wichtige Lerninhalte informieren und ihnen die Unterlagen zur Verfügung stellen.

5. Probieren Sie die zu lernenden Inhalte (Bücher, CDs, Web-Based-Training) vorher selber aus. Nur so wissen Sie, ob die Inhalte dem Bedarf tatsächlich entsprechen.

6. Ziehen Sie bei komplizierteren Fällen Experten hinzu. Dafür sind die Kollegen aus der Personalentwicklung da.

Wie erkenne ich, welche Personalentwicklungsmaßnahme für welchen meiner Mitarbeiter am besten geeignet ist?

Um diese Frage zu beantworten, ist es sinnvoll, zwei grundlegende Themen zu unterscheiden: *Können* und *Wollen*. Mit Hilfe der Dimension *Können* wird abgefragt, inwieweit der Mitarbeiter die Anforderungen der Tätigkeit, so wie sie heute an ihn gestellt werden, zu null Prozent, zu 50 Prozent oder zu 100 Prozent erfüllen kann.

Das Gleiche gilt für die Dimension *Wollen*. Zur Veranschaulichung dient nachfolgend ein einfaches, eingängiges Modell, welches diese beiden Dimensionen integriert.

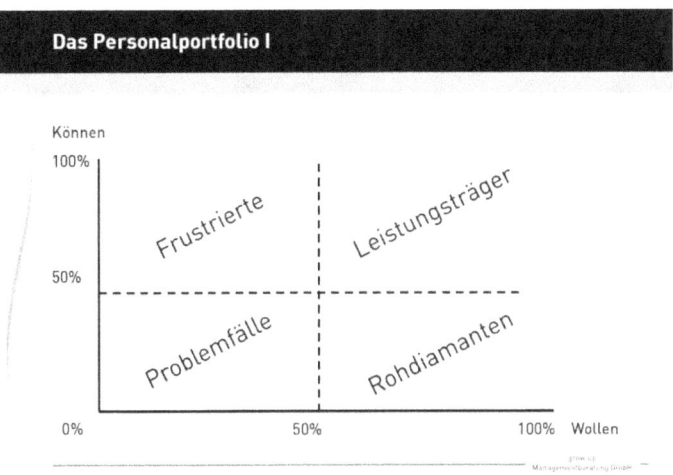

Das Personalportfolio I

Können

100%

Frustrierte

Leistungsträger

50%

Problemfälle

Rohdiamanten

0%   50%   100% Wollen

Wie Sie sehen, befinden sich vier leistungs- und qualifikationsunterschiedliche Mitarbeitertypen in der obigen Abbildung.

Wie immer bei solchen Modellen arbeiten wir natürlich mit Stereotypen und die Kategorisierungen lassen sich nicht eins zu eins auf einzelne Mitarbeiter übertragen. Allerdings hilft es, eine gewisse Richtlinie zu haben und jeder Mitarbeiter wird in eine oder zwei Kategorien zuzuordnen sein.

- Die *Leistungsträger*, also die Mitarbeiter, die sowohl *können* als auch *wollen*, befinden sich in dem Kasten oben rechts.

- Die *Rohdiamanten* sind die Mitarbeiter, die zwar *wollen* aber (noch) nicht *können* und befinden sich im Kasten unten rechts.

- Im dritten Quadranten unten links finden Sie Mitarbeiter, die nicht *können*, aber – wesentlich problematischer – auch nicht *wollen*: der *Problemfall*.

- Die problematischste Zielgruppe finden Sie im Quadranten oben links. Dies sind unsere *Frustrierten*.

Nachfolgend finden Sie ein leeres Portfolio. Machen Sie sich doch bei Gelegenheit einmal die Mühe und arbeiten Sie das entsprechende Portfolio aus, indem Sie das abgebildete Koordinatensystem auf ein weißes Blatt Papier übernehmen und Ihre heutigen Mitarbeiter dort einsortieren. Vielleicht sprechen Sie die Ergebnisse auch mit Kollegen aus Nachbarbereichen oder Ihrem eigenen Vorgesetzen durch.

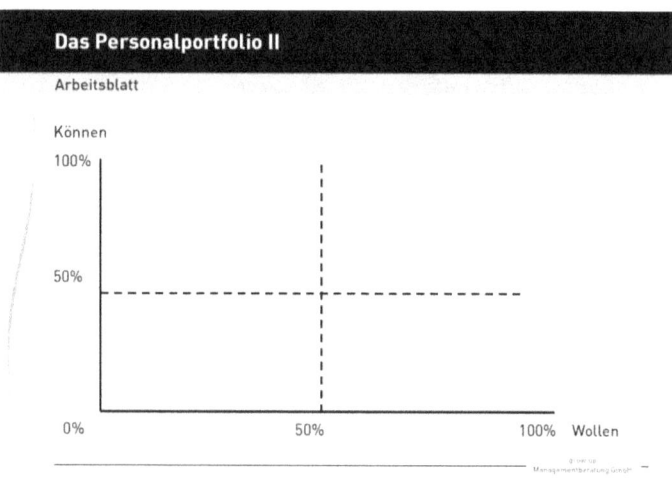

Das Personalportfolio II

Arbeitsblatt

Können

100%

50%

0%   50%   100% Wollen

Welche Personalentwicklungsmaßnahme ergreife ich für wen?

Wenn Sie Ihre Mitarbeiter in das Mitarbeiterportfolio-modell einsortiert haben, kann ein nächster Schritt darin bestehen, dass Sie sich Führungs- und Entwicklungsstrategien für die unterschiedlichen Zielgruppen überlegen. Denn wie bereits erwähnt, kann nicht jeder Mitarbeiter gleich entwickelt werden. Wenn Sie jedoch nach dem Mitarbeiterportfoliomodell vorgehen, können Sie zumindest die Richtung festlegen, was mit diesem Mitarbeiter am besten zu tun ist.

1. Ihre *Leistungsträger* sind Ihre wichtigsten Zugpferde in der Abteilung und im Unternehmen. Sie können leisten und wollen dies auch. Bei diesen Mitarbeitern lohnt sich die Personalentwicklung am meisten, da sie das größte Wachstumspotenzial haben. Vielleicht kennen Sie aus Ihrem eigenen Team einen solchen Mitarbeiter. Diese Mitarbeiter stellen häufig viele Fragen. Sie wollen unbedingt alles verstehen und entwickeln hierdurch Hintergrundwissen. Durch dieses zusätzlich erlangte Wissen optimieren Sie ständig ihre eigene Arbeit. Mitarbeiter mit Wachstumspotenzial setzen sich häufig expansive Ziele. Hierbei ist es den Leistungsträgern äußerst wichtig, eigene Qualitätsmaßstäbe und Gütekriterien zu erfüllen. Sie haben häufig viel höhere Ansprüche als die Führungskraft (lassen es aber auch genauso häufig an Effizienz und Pragmatismus mangeln). Deshalb erbringen diese Mitarbeiter meistens gute bis sehr gute Leistungen. Die Arbeit mit dem eigenen Anspruchsniveau führt zu einer Verbesserung, weil man selbst wahrnimmt, dass man den Anforderungen – idealerweise den selbst gesetzten – noch nicht genügt. Leistungsträger setzen sich oft auch noch im Nachhinein kritisch mit ihren eigenen Leis-

tungen auseinander. Dies zeigt, dass sie ihre Leistungen mit ihrem eigenen Anspruchsniveau abgleichen und versuchen, sich fortlaufend zu verbessern.

Die Leistungsträger in Ihrem Team sollten Sie unbedingt motivieren und an das Unternehmen binden. Als Personalentwicklungsmethoden eignen sich hier Delegation, Projektarbeit und Sonderaufgaben. Auch Zielvereinbarungen sind für diese Mitarbeiter ein wichtiges Steuerungs- und Motivationsinstrument. Es ist besonders wichtig, Ihren Leistungsträgern Perspektiven aufzuzeigen und diese dann auch gemeinsam mit dem Mitarbeiter zu verfolgen.

Falls sich unter Ihren Leistungsträgern auch High-Potentials (Mitarbeiter können auch nur *Leistungsträger* sein, ohne Potential für weiteres Wachstum zu haben) befinden, sollten Sie wissen, dass es bei diesen Mitarbeitern durchaus passieren kann, dass sie irgendwann *abheben* und sich selbst für *überragend* halten. High-Potentials sind diejenigen Mitarbeiter, die sich nicht nur fachlich, sondern auch durch ihr soziales Verhalten und ihr allgemeines Engagement positiv aus der Masse herausheben. Für den Fall, dass diese Mitarbeiter *abheben*, sollten Sie gewappnet sein, denn es ist nicht immer einfach, einen Mitarbeiter wieder *auf den Boden* zurück zu holen. Für diese Mitarbeiter können Sie folgende Strategie anwenden: Einem solchen Mitarbeiter können Sie ruhig eine Aufgabe geben, die mindestens eine Nummer zu groß für ihn ist. Hierdurch wird der Mitarbeiter merken, dass er durchaus noch lange nicht alles schaffen kann. Wichtig ist dann aber, dass Sie im letzten Moment helfen, ohne dass derjenige es merkt. Sobald der Mitarbeiter Erfolg bei dieser großen Aufgabe hat, stärkt sich sein Selbstbewusstsein und er wird mit Stolz darauf zurückblicken. Dies wiederum kommt Ihnen zu Gute, denn in Zukunft wird sich dieser Mitarbeiter noch mehr zutrauen. Das nächste Mal können Sie ihm wiederum ein Projekt oder eine Aufgabe geben, die eine Nummer zu groß für ihn ist. Durch sein gestärktes Selbstbewusstsein wird er sich hier herantrauen. Dieses Mal sollten Sie aber nicht in letzter Minute einspringen und aushelfen. Dieses Mal besteht das Ziel darin, dass der Mitarbeiter lernt, mit Misserfolgen umzugehen. Außerdem soll er erkennen, dass er als Leistungsträger an einer großen Aufgabe auch mal scheitern darf und dennoch weiterhin von Ihnen und vom Team akzeptiert und anerkannt wird. Hierdurch fördern Sie seine Loyalität und Bindung. Dieses Vorgehen eignet sich aber nur für ausgewiesene Leistungs- und Potentialträger. Versuchen Sie diese Strategie bei *Rohdiamanten* oder *Frustrierten* anzuwenden, könnte es passieren, dass diese schnell demotiviert sind und deren Selbstsicherheit sinkt.

2. Um Ihre **Rohdiamanten** weiter zu entwickeln, ist es wichtig, dass Sie hier das Lernen und den Kompetenzzuwachs bei gleichzeitigem Erhalt der Motivation in den Vordergrund stellen. Diese Mitarbeitertypen sind sehr lernbereit, aber noch nicht ausreichend qualifiziert. Hier sollten Sie ansetzen. Für diese Mitarbeiter gilt: Qualifikation und Personalentwicklung ist bei dieser Zielgruppe unerlässlich.

3. Bei Ihren **Problemfälle**-Mitarbeitern haben Sie entweder die Möglichkeit, diese zu repositionieren oder, falls dies nicht möglich ist, da die dann notwendig werdende Ausbildung und Einarbeitung zu aufwendig wäre, müssen Sie sich von diesen trennen. Sie sollten hier wirklich überlegen, wie viel Sie bei diesen Mitarbeitern investieren wollen.

4. Bei den **Frustrierten** müssen Sie immer individuell und selektiv abwägen. Hier gibt es keine klare Strategie wie bei den anderen drei Zielgruppen. Frustrierte wollen nicht leisten. Der Grund hierfür kann aber sehr indivi-

duell sein. Daher müssen Sie jeden Fall einzeln betrachten und daran arbeiten, die in diesem Feld befindlichen Mitarbeiter entweder in das Feld *Leistungsträger* zu bringen oder es gilt dasselbe wie für die *Frustrierten*. Es geht insbesondere darum, die Motivation dieser Mitarbeiter auf ein Neues zu entfachen. Eine Option wäre zum Beispiel, Ziel- und Leistungsvereinbarungen mit diesen Mitarbeitern zu treffen.

In der nachfolgenden Übersicht finden Sie eine Zuordnung der Personalentwicklungsmethoden, die für die im Personalportfolio beschriebenen Mitarbeitergruppen geeignet sind. Sie erhebt sicherlich nicht den Anspruch der Vollständigkeit, gibt aber vielleicht einige Anregungen.

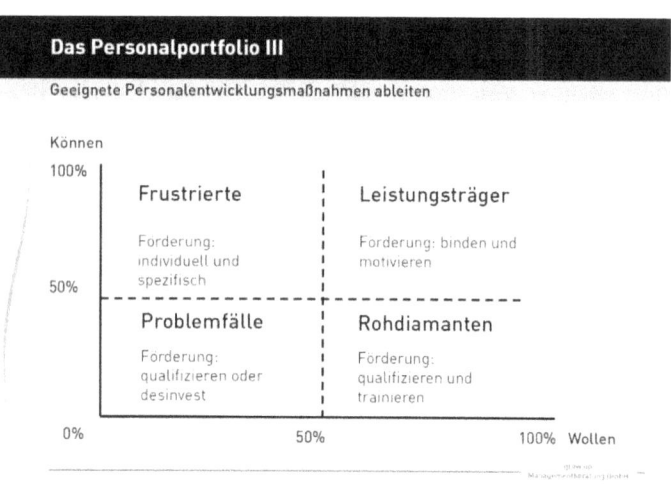

Das Personalportfolio III

Geeignete Personalentwicklungsmaßnahmen ableiten

Können

100%

Frustrierte

Forderung: individuell und spezifisch

Leistungsträger

Forderung: binden und motivieren

50%

Problemfälle

Forderung: qualifizieren oder desinvest

Rohdiamanten

Forderung: qualifizieren und trainieren

0%   50%   100% Wollen

Mitarbeitergruppen und PE-Maßnahmen

Welche PE-Maßnahme ist für wen geeignet?

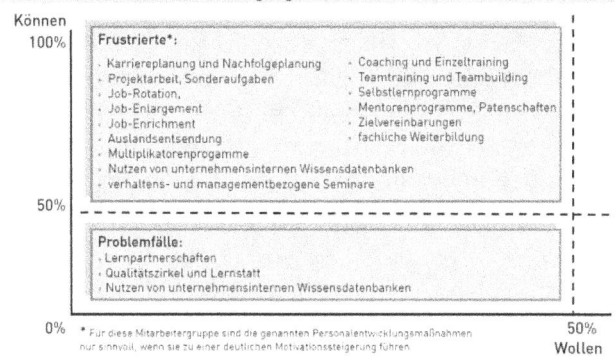

Können
100%

Frustrierte*:

- Karriereplanung und Nachfolgeplanung
- Projektarbeit, Sonderaufgaben
- Job-Rotation,
- Job-Enlargement
- Job-Enrichment
- Auslandsentsendung
- Multiplikatorenprogramme
- Nutzen von unternehmensinternen Wissensdatenbanken
- verhaltens- und managementbezogene Seminare

- Coaching und Einzeltraining
- Teamtraining und Teambuilding
- Selbstlernprogramme
- Mentorenprogramme, Patenschaften
- Zielvereinbarungen
- fachliche Weiterbildung

50%

Problemfälle:

- Lernpartnerschaften
- Qualitätszirkel und Lernstatt
- Nutzen von unternehmensinternen Wissensdatenbanken

0% * Für diese Mitarbeitergruppe sind die genannten Personalentwicklungsmaßnahmen
nur sinnvoll, wenn sie zu einer deutlichen Motivationssteigerung führen

50%
Wollen

Mitarbeitergruppen und PE-Maßnahmen

Welche PE-Maßnahme ist für wen geeignet?

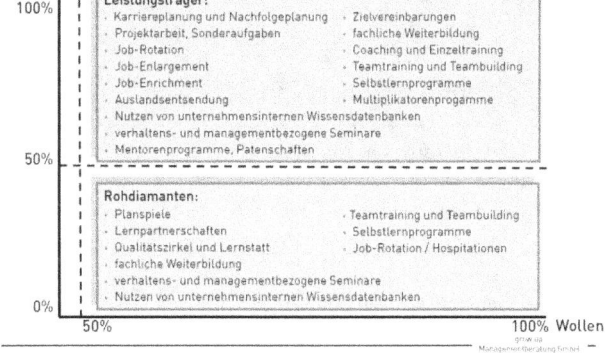

Können
100%

Leistungsträger:

- Karriereplanung und Nachfolgeplanung
- Projektarbeit, Sonderaufgaben
- Job-Rotation
- Job-Enlargement
- Job-Enrichment
- Auslandsentsendung
- Nutzen von unternehmensinternen Wissensdatenbanken
- verhaltens- und managementbezogene Seminare
- Mentorenprogramme, Patenschaften

- Zielvereinbarungen
- fachliche Weiterbildung
- Coaching und Einzeltraining
- Teamtraining und Teambuilding
- Selbstlernprogramme
- Multiplikatorenprogramme

50%

Rohdiamanten:

- Planspiele
- Lernpartnerschaften
- Qualitätszirkel und Lernstatt
- fachliche Weiterbildung
- verhaltens- und managementbezogene Seminare
- Nutzen von unternehmensinternen Wissensdatenbanken

- Teamtraining und Teambuilding
- Selbstlernprogramme
- Job-Rotation / Hospitationen

0%
50%
100% Wollen

39

Wie kann ich den Erfolg einer Qualifizierungsmaßnahme kontrollieren?

Die Bewertung des Erfolges einer Qualifizierungsmaßnahme ermöglicht Ihnen als Führungskraft eine Optimierung der Rahmenbedingungen, Prozesse und Ergebnisse. Die Evaluation beginnt bereits bei der Planung einer Qualifizierungsmaßnahme und begleitet alle Phasen des Bildungsprozesses.

Ich empfehle Ihnen, vor der Qualifizierungsmaßnahme ein Vorbereitungsgespräch mit dem betreffenden Mitarbeiter zu führen. Darin treffen Sie eine Absprache mit dem Mitarbeiter, welche Lerninhalte für die persönliche Entwicklung bzw. für die Tätigkeit besonders wichtig sind. Außerdem klären Sie die Ziele der Qualifizierungsmaßnahme und halten diese schriftlich fest. Folgende Fragen sind im Vorbereitungsgespräch zu klären:

Checkliste: Vorbereitungsgespräch

Fragen in einem Vorbereitungsgespräch
Was erwartet der Teilnehmer von der Maßnahme?
Welche Lerninhalte sind wichtig für den Teilnehmer?
Welche Ziele hat der Teilnehmer?
Welche Ziele hat die Führungskraft?
Wann erfolgt das Nachbereitungsgespräch? (Termin festlegen)

Unmittelbar nach der Qualifizierungsmaßnahme sollten Sie nach Möglichkeit ein Nachbereitungsgespräch mit dem betreffenden Mitarbeiter führen, in dem Sie besprechen, inwieweit die vorher festgelegten Ziele erreicht wurden. Weiterhin können Maßnahmen besprochen werden, wie das vermittelte Wissen im Unternehmen multipliziert werden kann. Eine Möglichkeit sind z. B. interne Weiterbildungen. Im Rahmen einer internen Weiterbildung gibt der Mitarbeiter sein neu erworbenes Wissen an Kollegen weiter, die nicht an der Qualifizierungsmaßnahme teilgenommen haben. Der Nutzen ist gleich zweifach: durch die Funktion als *Lehrender* festigt sich das Wissen des Mitarbeiters und es wird zusätzlich an andere Personen weitergegeben.

Checkliste: Nachbereitungsgespräch

Fragen in einem Nachbereitungsgespräch
Wie bewertet der Teilnehmer die Maßnahme?
Was hat der Teilnehmer neu dazu gelernt?
Wie stellt sich der Teilnehmer die praktische Anwendung und Umsetzung des Gelernten vor?
Welche Erwartung hat der Teilnehmer an seinen Vorgesetzten bezüglich der Unterstützung beim Transfer?
Welche Erwartungen hat die Führungskraft an den Teilnehmer bzgl. der Umsetzung?
Wann erfolgt das Transfergespräch? (Termin festlegen) Wie lautet das vereinbarte Transferziel?
Worin wird das Eintreten der gewünschten Veränderungen sichtbar?

In dieser Phase ist es notwendig, dass Sie als Führungskraft auch offen sind für neue Ideen, die der Mitarbeiter im Rahmen der Qualifizierungsmaßnahme gewonnen hat. Ihre Aufgabe ist es, je nach gegebenen Umständen und Rahmenbedingungen, den Raum zu schaffen, damit diese Ideen auch erfolgreich umgesetzt werden können.

Um einen langfristigen Erfolg sicherzustellen, vereinbaren Sie bereits in diesem Nachbereitungsgespräch einen Termin für ein späteres Transfergespräch. Unsere Erfahrung spricht für einen Zeitabstand von etwa einem halben Jahr. Prüfen Sie, ob das neu erworbene Wissen auch langfristig zur Anwendung kommt, welche Veränderungen umgesetzt wurden und welche Erfahrungen mit dem neuen Wissen gemacht wurden.

Checkliste: Transfergespräch

Fragen in einem Transfergespräch
• Welche vereinbarten Lernziele wurden erreicht?
• Welche vereinbarten Lernziele wurden nicht erreicht und warum?
• Wo und wie konnte das Gelernte am Arbeitsplatz eingesetzt werden?
• Wie kann die Führungskraft bei der Transfersicherung weiter unterstützen?
• Welche weiteren Maßnahmen können/sollen den Transfer unterstützen und sichern?

Den meisten Menschen fällt es sehr schwer, Veränderungen in der eigenen Person zu beurteilen. Hier kann Ihnen ein Feedback durch Mitarbeiter und andere Kollegen helfen, die mit der betreffenden Person häufiger zusammenarbeiten. Ein solches Feedback sollte schriftlich und anonym erfolgen. Darin werden Änderungen im Verhalten am Arbeitsplatz bzw. im Lernfeld erfragt. Der Aufwand für dieses Vorgehen lohnt sich in erster Linie bei langfristigen und/oder umfassenden Maßnahmen. Veränderungen in Wissen, Fertigkeiten und Einstellungen können selbstverständlich nur von der betreffenden Person selbst beurteilt werden.

Die Abbildung unten bietet Ihnen noch einmal eine Übersicht über das Personalentwicklungs-Controlling.

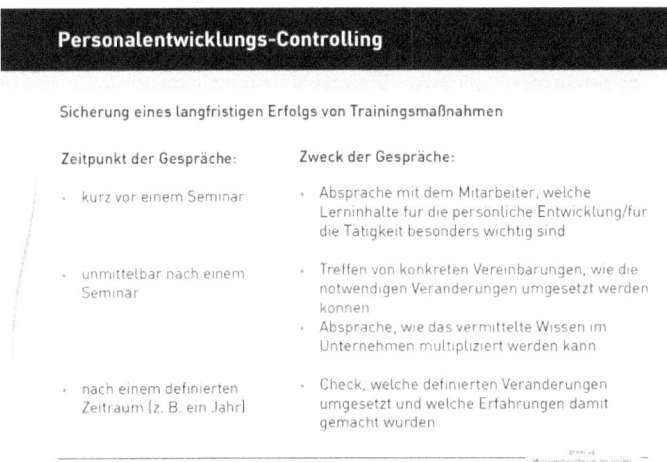

Personalentwicklungs-Controlling

Sicherung eines langfristigen Erfolgs von Trainingsmaßnahmen

Zeitpunkt der Gespräche:	Zweck der Gespräche:
· kurz vor einem Seminar	· Absprache mit dem Mitarbeiter, welche Lerninhalte für die persönliche Entwicklung/für die Tätigkeit besonders wichtig sind
· unmittelbar nach einem Seminar	· Treffen von konkreten Vereinbarungen, wie die notwendigen Veränderungen umgesetzt werden können · Absprache, wie das vermittelte Wissen im Unternehmen multipliziert werden kann
· nach einem definierten Zeitraum (z. B. ein Jahr)	· Check, welche definierten Veränderungen umgesetzt und welche Erfahrungen damit gemacht wurden

Kann ich Personalentwicklung auch im betrieblichen Alltag betreiben?

Sie sollten auf keinen Fall dem Gedanken verfallen, dass Mitarbeiter für Personalentwicklung immer zu einem externen Training gehen müssen. Personalentwicklung ist immer und überall und viel mehr als Training. Wenn Sie nachfolgende Regeln berücksichtigen, tun Sie schon sehr viel für die Entwicklung Ihrer Mitarbeiter.

1. Die erste Regel lautet: *Personalentwicklung ist immer und überall.* Z. B. kann Personalentwicklung auch beim Autofahren passieren. Setzen Sie den Mitarbeiter ab und an einen Tag neben sich. Sie können viel über Einsichten, Hintergrundverständnis, Erfassen von Zusammenhängen und persönliche Ziele erfahren. Sie können gleichzeitig aber auch Ihre Gedanken, Ansprüche,

Werte, Ziele und Gütemaßstäbe in Ruhe kommunizieren.

2. Die Strategie heißt: **In den Wind drehen**. Wachstum braucht Krisen. Ihre Aufgabe ist es, dosiert Krisen zu generieren. Lassen Sie den Mitarbeiter ab und an in schwierigen Situationen kontrolliert alleine. Kontrolliert heißt, dass Sie sich weitgehend sicher sein müssen, dass die Anforderungen bewältigt werden können – entziehen Sie nur Ihre Begleitung. Das kann bei einer Kundenpräsentation, bei Auftritten vor der Geschäftsführung oder in einer schwierigen Verhandlung der Fall sein. Informieren Sie den Mitarbeiter drei Minuten vorher, dass Sie im Stau stehen, verhindert sind, etc. Bitten Sie ihn, schon einmal alleine zu beginnen. Allerdings müssen Sie sich sicher sein, dass diese Anforderung für den Mitarbeiter keine massive Überforderung darstellt, sondern dass sie lediglich zeigt, dass Sie Vertrauen in die Leistungsfähigkeit des Mitarbeiters haben. So generieren Sie Lernsituationen, an denen Ihre Mitarbeiter wachsen können.

3. Die dritte Regel lautet: **Wachstum braucht Konsolidierungs- und Übungsphasen**. Lassen Sie, nachdem neue Anforderungen aufgetaucht sind und bereits akzeptabel bewältigt wurden, genügend Zeit für das Üben und Festigen dieses neuen Verhaltens.

4. **Erhöhen Sie den Schwierigkeitsgrad**. Lernaufgaben entstehen durch das Heraufsetzen des Anspruchsniveaus, nicht unbedingt nur durch eine Erweiterung des Aufgabenfeldes. Fast jede Aufgabe kann man schneller, sicherer, besser, weiter, etc. erfüllen. Das erhöht den Schwierigkeitsgrad.

5. Die fünfte Strategie heißt: **Wasser schlucken lassen**. Gerade wenn Sie mit jungen Mitarbeitern arbeiten, bei denen häufig Fremdbild-Selbstbild-Diskrepanzen auftauchen, können Sie nicht verhindern, dass es durch-

aus auch schon mal zu schwierigeren Situationen kommt. Wichtig ist hier, dass Sie darauf achten, dass Ihre Mitarbeiter *nicht zu viel* Wasser schlucken. Das heißt, Sie sollten diese gezielt gestalteten Situationen, in denen Sie Mitarbeiter aus der Komfortzone in Grenzbereiche bringen, sehr genau beobachten und begleiten.

6. Die sechste Regel lautet: **Legen Sie die Latte hoch**. Lassen Sie bei ihren Wachstumserwartungen an Mitarbeiter nicht locker. Das heißt nicht, dass Sie die Mitarbeiter unter Dauerstress setzen. Dauerkontraktion führt nicht zu Verbesserung, sondern zu Verkrampfung. Machen Sie aber keinen Hehl daraus, dass Ihre Erwartungen an Menschen, mit denen Sie arbeiten, hoch ausgeprägt sind und die Zeit und Energie, die Sie investieren, in Form von verbesserten Leistungen der Mitarbeiter zurückhaben wollen. Vergessen Sie bei all dem nicht, dass Sie auch eine Schutzverpflichtung als Arbeitgeber haben. Es geht nicht darum, Menschen zu überfordern oder über Gebühr zeitlich in Anspruch zu nehmen.

7. **Ohne Netz und doppelten Boden – Üben am realen Kunden.** Hier müssen Sie natürlich darauf achten, dass Sie diese Strategie nicht im Key-Account-Management anwenden, wo das Überleben des Unternehmens von wenigen Großkunden abhängt. Die Botschaft dieser Regel ist folgendermaßen zu verstehen: Sie können keine virtuelle Lernwerkstatt aufbauen und Lernerfahrungen von substanziellem Wert außerhalb des betrieblichen Alltags produzieren. Selbstverständlich sind Klassenraum-Situationen als *Trockentraining* notwendig und sinnvoll - der wirkliche Übungswert entsteht aber erst in der realen Praxis. Achten Sie darauf, dass die Lern- und Übungsobjekte, an denen Mitarbeiter ihre eigenen Erfahrungen machen können, nicht von existenzieller Tragweite für das Unternehmen sind.

8. *Sprechen Sie so viel wie möglich mit Ihren Mitarbeitern*. Informieren Sie, erklären Sie, verdeutlichen Sie Zusammenhänge und Abhängigkeiten, zeigen Sie Stolpersteine und Fallen auf, leiten Sie Ihre Mitarbeiter an. Daraus lernen sie mitunter mehr als aus einem Training. Zusätzlich leisten Sie auf diesem Wege einen wesentlichen Beitrag zur Mitarbeitermotivation.

9. Seien Sie *Vorbild*!

Personalentwicklung im betrieblichen Alltag   grow.up.
                                                    Managementberatung

9 Regeln

1. Personalentwicklung ist immer und überall
2. In den Wind drehen (Schaffen Sie kontrollierte Krisen)
3. Wachstum braucht Konsolidierungs- und Übungsphasen
4. Erhöhen Sie den Schwierigkeitsgrad
5. Wasser schlucken lassen
6. Legen Sie die Latte hoch
7. Ohne Netz und doppelten Boden
8. Sprechen Sie so viel wie möglich mit Ihren Mitarbeitern
9. Seien Sie Vorbild

Durch dieses Booklet aus der grow.up.-Reihe *Personal TO.GO.* sollten Sie jetzt einen guten Überblick über die richtige Vorgehensweise in der Personalauswahl haben. Sie haben gelernt, wie Sie ein Anforderungsprofil erstellen und wie Sie die Aussagen eines Bewerbers auf deren Richtigkeit überprüfen können.

Darüber hinaus haben Sie einen Einblick in die gängigsten Personalentwicklungsmethoden bekommen und welche Methode für welchen Mitarbeiter am besten geeignet ist. Auch wenn es an der einen oder anderen Stelle sicherlich noch Vertiefungsbedarf gibt, sollten Sie für die ersten Schritte in diesen beiden Themenbereichen Personalauswahl und -entwicklung gut gewappnet sein.

Weitere Informationen

In unserem Kunden-Login auf unserer Homepage können Sie sich **weiterführendes Material zu Ihrer Verwendung downloaden**. Verwenden Sie hierfür die nachfolgenden Login-Daten unter **https://kl.grow-up.de/wp-login.php:**

Benutzername: Personalauswahl

Passwort: Zusatzmaterial

Informationen zu weiteren Personal- und auch Führungsthemen finden Sie auf unserer Seite **www.grow-up.de**.

Abonnieren Sie unseren Blog unter **blog-grow-up.de**. Wir schreiben regelmäßig zu Management-, Führungs- und Personalthemen, heiß diskutierten Tools, wie z. B. Design Thinking, Digitalisierung und vielen weiteren für Sie relevanten und interessanten Themen.

Entdecken Sie die E-Learning Kurse in unserer grow.up. Academy **www.academy.grow-up.de**.

Auch in den sozialen Medien sind wir vertreten. Gerne bleiben wir so mit Ihnen in Kontakt.

Unseren **YouTube-Kanal** finden Sie unter folgendem QR-Code:

    Hier finden Sie **weiterführende Videos.**

Oder besuchen Sie uns auf **Facebook** oder **Instagram**:

Ihre Rezension

Senden Sie uns Ihre Meinung/Anmerkungen/Fragen zu unserem Buch entweder per Mail an **lorenz@grow-up.de** oder machen Sie uns die Freude, und hinterlassen Sie uns Ihre Rezension direkt auf amazon.de.

Vielen Dank!

Entdecken Sie weitere spannende und hilfereiche Bücher aus unserer **grow.up.-Reihe *Führung TO.GO.*** auf amazon.de:

- Erfolgreiche Führung durch Resilienz und Stressmanagement, ISBN: 979-8328985710
- Wertschätzung als Instrument guter Führung, ISBN: 979-8322682387
- Erfolgreiche Führung durch Storytelling, ISBN: 979-8337841717
- Coachingkompetent als Führungskraft, ISBN: 979-8393644987
- Erfolgreiche Führung mit dem Vierfarben-Modell, ISBN: 978-1540333735
- Erfolgreiche Führung durch Selbstführung, ISBN: 978-1523421688
- Erfolgreiche Führung durch Motivation, ISBN: 978-1517749477
- Erfolgreiche Führung durch Kommunikation, ISBN: 978-1523423682
- Feedbackkompetenz für Führungskräfte, ISBN: 978-1548914868
- Erfolgreiche Führung durch Delegation, ISBN: 978-1518717291
- Erfolgreiches Verhandeln für Führungskräfte, ISBN: 978-1544271309
- Leadership Culture. Führungskultur verstehen und leben, ISBN: 978-1983590245
- Leadership Culture. Im Konsens zum Ziel in der Kuschelecke, ISBN: 978-1983591112
- Agilität einfach erklärt, ISBN: 979-8610628653
- Scrum einfach erklärt, ISBN: 979-8619242232
- Design Thinking einfach erklärt, ISBN: 979-8652370466

Das LUXXprofile – im Einsatz bei Personalauswahl und -entwicklung

Woran erkenne ich, ob der Mitarbeiter die richtigen Motive für den Job mitbringt? Wie kann ich meine Personalentwicklungsmethoden entlang der Motivstruktur meines Mitarbeiters ausrichten?

Fragen der Mitarbeiterzufriedenheit und -motivation werden viel diskutiert, beschäftigen Unternehmen und Forschung und stellen Führungskräfte vor eine große Herausforderung. Viele Fragen der unternehmerischen Leistungsfähigkeit stehen in engem Zusammenhang mit der Mitarbeiterzufriedenheit und -motivation:

- Wie können wir schon im Vorfeld an den Aussagen eines Bewerbers ablesen, ob dieser zum Job passt und dauerhaft zufrieden sein wird?

- Wie können wir unser Führungsverhalten hinsichtlich Kommunikation und Zusammenarbeit an die Motive der Mitarbeiter anpassen, um einer größere Motivation zu erreichen?

- Was müssen wir beachten, um Change- und Veränderungsprozesse erfolgreich zu gestalten?

... und vieles mehr.

Ein lösungsorientiertes und zielführendes Vorgehen für die Beantwortung dieser und ähnlicher Fragen, aber auch für Ihre ganz persönliche Entwicklung, bietet die dynamische Persönlichkeitstheorie und das darauf basierende LUXXprofile, welches wir Ihnen an dieser Stelle gerne vorstellen möchten und in unserem eigenen Unternehmen seit vielen Jahren erfolgreich im Einsatz ist. Dieses basiert auf den modernen Ansätzen der Motivationspsychologie und Grundgedanken der positiven Psychologie. Es wurde im Rahmen umfangreicher Forschungsarbeiten in 2016/2017 vom Team um Prof. Samuel Greif und Dr. Christoph J. Kemper an der Universität Luxemburg entwickelt. Dieser innovative Ansatz erlaubt nicht nur klare Aussagen dazu, was einen Menschen ganz konkret motiviert. Aus der Kenntnis der individuellen Motivationsprofile ergibt sich ein direkt umsetzbarer unternehmerischer Nutzen für verschiedene Anwendungsgebiete.

Warum das LUXXprofile?

Viele Persönlichkeitsfragebögen beschreiben das Verhalten von Menschen. Es wird aufgezeigt, WIE sie sich verhalten und WIE sie ihre Aufgaben erfüllen. Was oft fehlt, ist eine Begründung dafür, WARUM Menschen genau so handeln, wie sie es tun. Hier bietet das LUXXprofile einen handlungsorientierten Ansatz.

Das LUXXprofile erklärt, WARUM jemand etwas tut, indem die Bedürfnisse und Werte ermittelt werden, die hinter einer Handlung stehen. Sie sind es, die einen Menschen immer wieder dazu veranlassen, auf die gleiche Weise zu handeln.

Das LUXXprofile erfasst die Werte und Motive, die Menschen in ihrem Leben Sinn und Bedeutung geben und die deutlich machen, wofür sie bereit sind, sich anzustrengen. Mit der Abbildung von Handlungs-, Antriebs- und Motivmustern von Führungskräften und Mitarbeitenden bietet das LUXXprofile Unternehmen ein neues und erweitertes Verständnis von Mitarbeitermotivation. Im Mittelpunkt steht die Individualität, ohne eine Klassifizierung in unterschiedliche *Typengruppen* vorzunehmen. Das LUXXprofile verdeutlicht, dass *Gleichbehandlung* gerade nicht *gleiche Behandlung* bedeutet.

Das LUXXprofile bildet die fundamentalen Motive und Werte eines Menschen ab und ermöglicht so ein umfassendes (Selbst- und Fremd-) Verständnis. Es wird verständlich:

- warum ein Mensch auf einen bestimmten Job passt oder auch nicht,

- was seine Persönlichkeit prägt,

- was ich als Führungskraft tun kann, um die persönliche Zufriedenheit, Effizienz und Leistungsfähigkeit durch passende Personalentwicklungsmaßnahmen zu optimieren,

- warum es in der Zusammenarbeit immer wieder zu Missverständnissen mit anderen kommt.

Der Einsatz des LUXXprofile im Vorstellungsgespräch

Wenn Sie es schaffen, Bewerber einzustellen, die eine intrinsische Motivation für ihre Tätigkeit besitzen, also den Drang, sie um ihrer selbst willen auszuführen, haben Sie dauerhaft und stabil motivierte Mitarbeiter gewonnen, die Freude an dem haben, was sie tun.

Im Folgenden möchten wir Ihnen, in Anlehnung an das LUXXprofile, beispielhaft zwei Motive vorstellen, denen wir im beruflichen Alltag immer wieder begegnen und denen wir eine hohe Wichtigkeit für die Arbeitszufriedenheit und Leistungsfähigkeit von Mitarbeitern beimessen. Des Weiteren geben wir Ihnen einige Beispiele, wie Sie die Motivation im Gespräch mit dem Bewerber geschickt erfragen können.

Die Motivation zu führen und Macht auszuüben

Wer eine Motivation zu Macht und Führung hat, der will andere Menschen gerne anleiten, führen, kontrollieren und ihnen den Weg vorgeben. Wann immer eine solche Person Entscheidungen treffen kann, die Kontrolle über eine Sache hat und sagen darf, wie etwas gemacht wird, ist sie zufrieden und voller Energie. Es ist wichtig für diese Menschen, dass sie Verantwortung in ihrer Position übernehmen können.

Hier ein paar beispielhafte Fragen, anhand derer Sie die Motivation einer Person zu entscheiden und zu führen, erfragen können:

- Wie wichtig ist es für Sie, eigenständig Entscheidungen treffen zu können und diese umzusetzen?

- Wenn Sie in einer Gruppe mit anderen Personen zusammenarbeiten, wer soll dann Entscheidungen treffen?

- Welche Entscheidungen innerhalb Ihres Verfügungsbereichs wollen Sie nicht ohne intensive Beratung mit Experten/Vorgesetzten treffen?

- Was wünschen Sie sich von Ihrem Vorgesetzten hinsichtlich Anleitung, Steuerung und Kontrolle? Was ist für Sie zu viel/zu wenig?

- ...

Hinsichtlich ihres Antwortverhaltens, werden Menschen mit einer Führungsmotivation Ihnen berichten, dass Sie gerne und schnell Entscheidungen treffen, für sich und andere Personen den Weg vorgeben und sie sich gerne in der Rolle des Führenden sehen. Macht und Führung sind für sie positiv besetzte Begriffe und haben eine motivierende Wirkung. Im Antwortverhalten spiegelt sich wider, dass sie eine Kontrolle oder Entscheidungen durch andere Personen nicht schätzen, sondern diese als Einschränkung sehen. Sie berichten, dass Sie einen großen Handlungsspielraum mögen, in dem sie frei bestimmen können. Einsatzbereitschaft für ein Ziel ist für sie eine Grundhaltung.

Von Bewerbern häufig genutzt Worte: Erfolg, Ergebnis, Kontrolle, Leistung, Anstrengung, Verantwortung oder Ziele.

Die Motivation zu lernen und sich geistig zu beschäftigen

Wer in seinem Job konzeptionell und inhaltlich-gedanklich arbeiten soll, für den ist eine Motivation sich neues Wissen anzueignen und sich mit Wissensinhalten auseinanderzusetzen eine große Hilfe. Menschen mit einer solchen Motivation lesen gerne viel, durchdenken und theorisieren. Sie haben Spaß an einer intellektuellen Auseinandersetzung mit Themen, lernen gerne Neues.

Zur Betrachtung dieser Motivation können Ihnen die folgenden Fragenbeispiele behilflich sein:

- Wie gerne setzen Sie sich inhaltlich tiefgehend mit einem neuen Thema auseinander?

- Wie lange und wie intensiv möchten Sie sich inhaltlich mit neuen Themen auseinandersetzen?

- Wie gerne lesen Sie sich etwas an/ erwerben Sie Vorwissen, bevor Sie anfangen eine völlig neue Aufgabe zu bearbeiten?

- Wie viel Wissen ist in Ihren Augen zu viel Wissen?

- ...

In ihren Antworten machen Menschen mit dieser Form der Motivation deutlich, dass sie gerne und viel lesen, sich gedanklich mit Dingen tief auseinandersetzen und mit anderen über Themen diskutieren. Häufig fallen diese Personen auch durch ein ausgeprägtes Allgemeinwissen und ein hohes Interesse an vielen verschiedenen Fragestellungen und Themen auf. Sie interessieren sich für unterschiedliche Bereiche, selbst wenn sie diese nicht unmittelbar persönlich betreffen (z. B. Interesse daran, wie man Rosen züchtet, ohne dies tatsächlich zu tun).

Von Bewerbern häufig genutzt Worte: Neugier, was Neues, hinterfragen, verstehen, durchdenken, Strategie, Vision, auf den Grund gehen, Detail, Anspruch, Theorie oder Wissen.

Weitere Motivbeschreibungen und ausführliche Hilfestellung zur entsprechenden Interviewführung finden Sie in unserem Buch *Erfolgserprobte Einstellungsinterviews*, ISBN: 978-3869802138.

Noch mehr Informationen

Wenn Sie sich näher über das LUXXprofile informieren möchten, laden wir Sie herzlich ein, dies auf unserer Homepage unter **www.grow-up.de** zu tun, bzw. unter **https://grow-up.de/luxxprofile/**

Gerne stehen wir Ihnen auch telefonisch unter der Rufnummer 02354/70890-0 zur Verfügung. Unsere Trainer und Berater sind ausgebildete, zertifizierte LUXXprofile Master. Wir setzen das LUXXprofile unter anderem

- in der Personalauswahl und Potenzialeinschätzung,

- in der Führungskräfteausbildung und im Führungskräftecoaching,

- in individuellen Coachings und in der individuellen Karriereplanung

ein.

Wir erarbeiten mit Ihnen gemeinsam tragfähige Lösungen...

- für eine Personalauswahl, bei der die Motive eines Menschen berücksichtigt werden,

- für kritische Situationen der Mitarbeiterführung und -motivation,

- für Fragen des Teambuildings und der Zusammenarbeit,

- in Konfliktsituationen.

Literaturempfehlungen

Führung

- Eichsteller, H. & Lorenz, M.: Fit für die Geschäftsführung im digitalen Zeitalter. Souveräne Performance in 8 Schritten. Frankfurt a. M.: Campus Verlag, 2019

- Lorenz, M.: Generation Young – Wie sie denkt. Wie sie arbeitet. Göttingen: BusinessVillage, 2019

- Lorenz, M.: Digitale Führungskompetenz. Wiesbaden: Springer Gabler Verlag, 2019

- Lorenz, M., Rohrschneider, U.: Praxishandbuch Mitarbeiterführung. 4. Aufl. Freiburg: Haufe-Lexware Verlag, 2019

- Lorenz, M., Rohrschneider, U.: Praktische Psychologie für den Umgang mit Mitarbeitern. 2 Aufl. Wiesbaden: Springer Gabler Verlag, 2014

- Rohrschneider, U.: Sinnhaft führen: Mehr Leistungsfreude mit weniger Führungsaufwand. Wiesbaden: Springer Gabler Verlag, 2020

Personalmanagement

- Lorenz, M., Rohrschneider, U.: Der Personalentwickler. Wiesbaden: Gabler Verlag, 2010

- Lorenz, M., Rohrschneider, U.: Erfolgreiche Personal-auswahl. Wiesbaden: Gabler Verlag, 2015

- Rohrschneider, U., Friedrichs, S., Lorenz, M.: Erfolgs-faktor Potenzialanalyse. Wiesbaden: Gabler Verlag, 2010

- Lorenz, M., Rohrschneider, U.: Praxishandbuch für Personalreferenten. Frankfurt: Campus Verlag, 2007

- Rohrschneider, U., Haarhaus, H., Friedrichs, S., Lohmer, M.-Chr.: Erfolgserprobte Einstellungsinter-views – Wie Sie mit professionellen Fragen die passen-den Mitarbeiter finden. Göttingen: BusinessVillage Verlag, 2013

Die Autoren

 **Michael Lorenz** ist Geschäftsführer der grow.up. Managementberatung GmbH in Gummersbach. Vorher war er langjährig Geschäftsführer und Partner der Kienbaum Management Consultants GmbH und leitete den Geschäftsbereich Human Resources Management.

Michael Lorenz berät nationale und internationale Kunden seit 1988 in Fragen der Strategie, der Personalentwicklung und der Management-Diagnostik. Schwerpunkte seiner Arbeit liegen in der Prozessbegleitung und Moderation von strategischen Neuausrichtungs- und Umstrukturierungsprozessen sowie in der Ausrichtung von Servicebereichen. Weitere Schwerpunkte liegen in Trainings und Workshops für Manager und Führungskräfte in den Themenfeldern Management, Führung und Vertrieb und in der Konzeption, Implementierung und Projektleitung bei Personalentwicklungsprojekten.

In individuellen Coachings begleitet Michael Lorenz Manager bei persönlichen Veränderungs- und Entwicklungsprozessen in Führungs- und Positionierungsfragen. Er hat zahlreiche Artikel und Bücher zum Themenfeld Management, Führung und Human Resources veröffentlicht.

 **Dr. Saskia Lucht** ist seit 2012 Beraterin und Trainerin bei der grow.up. Managementberatung GmbH in Gummersbach. Sie studierte Psychologie mit dem Schwerpunkt Arbeits-, Betriebs- und Organisationspsychologie an der RWTH Aachen und absolvierte im Anschluss an das Studium die Promotion der Psychologie ebenfalls an der RWTH Aachen.

Die Beratungs- und Tätigkeitsschwerpunkte von Frau Dr. Saskia Lucht liegen im Bereich der HR-Systeme und -Instrumente in der Konzeption von Personalentwicklungsinstrumenten, der Diagnostik (Durchführung und Auswertung von Persönlichkeitsfragebögen und Testverfahren), im Führen von Auswertungs- und Entwicklungsgesprächen, in der Entwicklung von Mitarbeiterbeurteilungs- und Zielvereinbarungsinstrumenten, in der Konzeption, Implementierung und Auswertung von Feedback-Instrumenten (Mitarbeiter/Führungskräfte/360°) sowie in der Konzeption und Begleitung von Auswahl- und Potenzialanalyseverfahren (Assessment Center, Orientierungscenter).

Trainings- und Workshopschwerpunkte liegen in den Themenfeldern Führung, Kommunikation, Selbst-, Stress-, Zeitmanagement, Personalmarketing und -auswahl.
Des Weiteren konzipiert und begleitet Frau Dr. Lucht Führungs- und Projektplanspiele sowie Train-the-Trainer Qualifizierungen.

Dr. Saskia Lucht ist Reiss Profile® Master.